To the Reader . . .

The **Raintree Hispanic Stories** series includes Hispanics from the United States, Spain, and Latin America, as well as from other countries. Just as your parents and teachers play an important role in your lives today, the people in these books also played an important part in your life. Many of these Hispanics lived long ago and far away. They discovered new lands, built settlements, fought for freedom, made laws, wrote books, and produced great works of art. All of these contributions were a part of the development of our country and its rich and varied cultural heritage.

These Hispanics had one thing in common. They had goals, and they did whatever was necessary to achieve those goals, often against great odds. They did not give up. What we see in these people are dedicated, energetic men and women who had the ability to change the world . . . and make it a better place. They should be your role models. Read these books and learn from their examples.

Frank de Varona
General Consulting Editor

General Consulting Editor
Frank de Varona
Associate Superintendent
Bureau of Education
Dade County, Florida, Public Schools

Consultant and Translator
Gloria Contreras
Professor of Social Studies
College of Education
North Texas State University

Library of Congress Number: 88-38062

1 2 3 4 5 6 7 8 9   94 93 92 91 90 89

Library of Congress Cataloging-in-Publication Data

Thompson, Kathleen
    Luis Munoz Marin / Kathleen Thompson & Jan Gleiter.
    —(Raintree Hispanic stories)
    English and Spanish.
    Summary: A biography of a Puerto Rican leader who tried to improve living conditions there and served as governor from 1949-1965.
    1. Muñoz Marín, Luis, 1898-   —Juvenile literature.   2. Puerto Rico—Politics and government—1952- Juvenile literature. [1. Muñoz Marín, Luis, 1898-   . 2. Governors. 3. Puerto Rico—Biography. 4. Spanish language materials—Bilingual.] I. Gleiter, Jan, 1947-   . II. Title. III. Series: Thompson, Kathleen. Raintree Hispanic stories.
    F1976.3.M86T48   1988   972.95′0924—dc19 [B] [92]   88-38062
    ISBN 0-8172-2907-8 (lib. bdg.)

LUIS MUÑOZ MARÍN

Jan Gleiter and Kathleen Thompson
Illustrated by Dennis Matz

Raintree Publishers

Milwaukee

Luis Muñoz Marín was born in 1898 in the Spanish colony of Puerto Rico.

Just ten days before his birth, his father, Luis Muñoz Rivera, took office as the premier of Puerto Rico. It was the first time since 1508 that the island's leader was a native Puerto Rican.

Muñoz Rivera had worked hard to make the island independent from Spain. He had started a newspaper, *La Democracia,* that spoke out for Puerto Rico self-government. Twice, he had traveled across the Atlantic Ocean and spoken to the Spanish leaders. Finally, they agreed that Puerto Rico should have its own constitution and government.

In 1898, Muñoz Rivera was happy and proud. He had a son, and the small, mountainous island of Puerto Rico was self-governing.

Luis Muñoz Marín nació en 1898 en la colonia española de Puerto Rico.

Apenas diez días antes de su nacimiento, su padre Luis Muñoz Rivera, tomó posesión como primer ministro de Puerto Rico. Fue la primera vez desde 1508 que el líder de la isla era nativo de Puerto Rico.

Muñoz Rivera había luchado muy fuerte por independizar la isla de España. Fundó un periódico, *La Democracia,* que promovió la autonomía de Puerto Rico. Dos veces había cruzado el Atlántico para hablar con los líderes españoles. Al fin ellos habían dado su consentimiento de que Puerto Rico debía tener su propio gobierno y constitución.

En 1898, Muñoz Rivera estaba feliz y orgulloso. Tenía un hijo y la pequeña isla montañosa de Puerto Rico tenía autonomía.

Two months later, however, the United States went to war with Spain. Puerto Rico was invaded and a new colonial government was set up.

Soon, American businessmen bought up the best farmland to make big sugar plantations. The businessmen grew rich, but the Puerto Rican peasants, called *jíbaros,* grew poor. The new governor was an American who helped the businessmen but not the Puerto Ricans.

Muñoz Rivera had to start the battle for self-government all over again. He spoke out in *La Democracia* and was arrested forty-two times. In 1910, he was elected Resident Commissioner. That meant that he could speak in the United States Congress but that he could not vote on bills. He and young Luis went to Washington, D.C., where Luis attended a private high school and, later, studied law at Georgetown University.

Sin embargo, a los cinco meses los Estados Unidos le declaraban la guerra a España. Puerto Rico fue invadido y un nuevo gobierno colonial se instalaba.

Poco después, los comerciantes norteamericanos compraban las mejores tierras para sus grandes cañaverales. Los negociantes se enriquecieron pero los campesinos puertorriqueños, llamados *jíbaros* se empobrecieron. El nuevo gobernador era un norteamericano que ayudaba a los comerciantes pero no a los puertorriqueños.

Muñoz Rivera tuvo que empezar a batallar otra vez por la autonomía. Elevó la voz en *La Democracia* y fue arrestado cuarenta y dos veces. En 1910 fue electo Comisionado Residente. Eso quería decir que podía hablar en el Congreso de los Estados Unidos pero que no podía votar en proyectos de ley. El y el joven Luis fueron a Washington D.C. donde Luis asistió a una secundaria particular y después estudió leyes en la Universidad de Georgetown.

For six years, Muñoz Rivera tried to find a system of self-government for Puerto Rico that everyone could agree on. Luis helped his father by writing letters in English and making translations. Father and son spent hours discussing politics.

At last, Congress passed a bill that made all Puerto Ricans citizens of the United States. This bill created a Puerto Rican House of Representatives and Senate, whose members would be elected by the Puerto Ricans. However, the governor would still be an American, appointed by the president. It was not a perfect solution, but it was better than nothing.

In 1916, Muñoz Rivera became ill and died. The island's people mourned the loss of the man they called "The Lion"—the man who had fought hard for their freedom.

Durante seis años, Muñoz Rivera trató de encontrar un sistema de gobierno autónomo en el que todo el mundo pudiera formular acuerdos. Luis ayudó a su padre escribiendo cartas en inglés y traduciendo. Padre e hijo pasaron horas discutiendo la política.

Al fin el congreso aceptó una ley que hacía a todos los puertorriqueños ciudadanos de los Estados Unidos. Esta ley creó una Cámara de Representantes y un Senado puertorriqueño cuyos miembros serían elegidos por los puertorriqueños.

Sin embargo, el gobernador seguiría siendo americano, nombrado por el presidente. No era una solución perfecta pero era mejor que nada.

En 1916 Muñoz Rivera se enfermó y murió. La gente de la isla lamentó la pérdida del hombre a quien llamaban "El León" —el hombre que había luchado vigorosamente por su libertad.

After his father's death, Luis Muñoz Marín wrote a poem:

If I were only a giant to embrace the mountains
That shelter his countrymen, the jíbaros . . .
To hold close all the Puerto Ricans . . .
If I were only a giant
To complete the work of Luis Muñoz Rivera . . .

Muñoz Marín was a giant, but he had not yet found his strength. He wanted to study and write poetry, but his father's friends expected him to go into politics. To get away, he moved to New York City and lived in the artists' community called Greenwich Village. He wrote poems, plays, and essays. Muñoz Marín was a dreamer who was looking for perfection and beauty.

Después de la muerte de su padre, Luis Muñoz Marín escribió un poema:

Si sólo fuera un gigante para abrazar las montañas
Que amparan a sus compatriotas los jíbaros, . . .
Para tener cerca a todos los puertorriqueños . . .
Si sólo fuera un gigante
Para terminar el trabajo de Luis Muñoz Rivera . . .

Muñoz Marín era un gigante pero aún no encontraba su fortaleza. El quería estudiar y escribir poesía, pero los amigos de su padre esperaban que entrara a la política. Se fue a la ciudad de Nueva York y vivió allí en la comunidad artística llamada Greenwich Village. Escribió poesía, drama y ensayo. Muñoz Marín era un soñador que buscaba perfección y belleza.

By the late 1920s, it was hard to see perfection and beauty in Puerto Rico. One and a half million people lived on the small island, and only two out of every five adults had jobs. The pay was very low. Worse, the sugar plantations sat on the land where the *jíbaros* used to grow their food. Now these people had to buy their food from the United States.

There were not enough schools, hospitals, or houses. Thousands of people died of diseases that should have been cured. Many families lived in cardboard shacks.

In 1931, Muñoz Marín realized that writing by itself could not change the terrible conditions on the island. He saw that practical actions were more important than dreams. He left New York, returned to Puerto Rico, and joined the Liberal Party.

A finales de los veintes, era difícil ver o encontar perfección y belleza en Puerto Rico. Un millón y medio de gente vivía en la pequeña isla y solamente dos de cada cinco adultos tenían trabajo. El salario era muy bajo. Lo peor, los cañaverales se habían establecido sobre tierras donde los *jíbaros* cultivaban para su alimento. Ahora esta gente tenía que comprar su comida de los Estados Unidos.

No había suficientes escuelas, hospitales o casas de habitación. Miles de personas morían por enfermedades que podían haberse curado. Muchas familias vivían en chozas de cartón.

En 1931 Muñoz Marín se dio cuenta que sólo por escribir acerca de esto, no cambiarían las condiciones terribles de la isla. Vio que las acciones prácticas eran más importantes que soñar. Dejó Nueva York y regresó a Puerto Rico e ingresó al Partido Liberal.

Muñoz Marín was the ideal link between Puerto Rico and the United States. He was the son of one of the island's greatest leaders; he spoke English well, and he had a knowledge of American politics. In 1932 he was elected to the Puerto Rican Senate.

President Franklin Delano Roosevelt offered help to Puerto Rico. Food was given to the hungry *jíbaros.* Some new roads, hospitals, and schools were built.

Muñoz Marín was thankful for this help, but he thought it was the wrong kind. "We need less aspirin and more vitamins," he said. "Give a man a fish, and he will have one meal. But teach him how to fish, and he can eat for the rest of his life."

Muñoz Marín became a popular and powerful leader. The Puerto Ricans trusted him, and the Americans found that it was easy to work with him.

Muñoz Marín era el lazo ideal entre Puerto Rico y los Estados Unidos. Era hijo de uno de los más grandes líderes de la isla; hablaba inglés bien y tenía un buen conocimiento de la política americana. En 1932 fue electo al Senado de Puerto Rico.

El presidente Franklin Delano Roosevelt ofreció ayudar a Puerto Rico. Se le dio comida a los *jíbaros* hambrientos. Se construyeron nuevas carreteras, hospitales y escuelas.

Muñoz Marín agradecía esta ayuda, pero él creía que no era la adecuada. "Necesitamos menos aspirinas y más vitaminas," decía él. "Dale al hombre un pescado y comerá una vez, pero enséñale a pescar y comerá el resto de su vida."

Muñoz Marín llegó a ser un guía popular y poderoso. Los puertorriqueños le tenían confianza y los americanos encontraron que podían trabajar bien con él.

Then, in 1936, Muñoz Marín was put in an impossible position. Two Puerto Rican radicals killed the American chief of police. The radicals were captured, and the police killed them without a trial. The United States government wanted Muñoz Marín to condemn the killing of the police chief. He insisted on also condemning the police. The Americans stopped talking to Muñoz Marín.

An angry American senator wanted to punish Puerto Rico by making the island independent. That would have meant that help from the United States would be cut off. Many Liberal Party members wanted to accept, but Muñoz Marín disagreed. He believed the island was too poor to survive on its own. The Liberal Party then took away his membership. He was a politician without a party.

Luego en 1936 Muñoz Marín se encontró en una situación absurda. Dos radicales de Puerto Rico mataron al jefe de policía americana. Los radicales fueron capturados y la policía los mató sin juzgarlos. El gobierno de los Estados Unidos quería que Muñoz Marín condenara el asesinato del jefe de la policía. Pero él insistía en que también se condenara a la policía. Los americanos dejaron de dirigir la palabra a Muñoz Marín.

Un senador americano enojado con esta situación quería castigar a Puerto Rico haciendo la isla independiente. Eso quería decir que los Estados Unidos ya no los ayudarían. Muchos miembros liberales querían aceptar pero Muñoz Marín no estaba de acuerdo. El creía que la isla era muy pobre como para poder sobrevivir sola. Entonces el Partido Liberal le quitó su afiliación. Era un político sin partido.

In 1938, Muñoz Marín decided to start a new political party. He still wanted to solve the economic problems of Puerto Rico. He wanted to strengthen its culture. He felt that the issue of independence was less important than jobs, health, and education. "It doesn't matter," he said, "whether Puerto Rico is a state or a colony or independent, because every man who is sick or starving is a slave."

Muñoz Marín called the new party the *Partido Popular Democrático,* or PPD. Most of the other party members lived in the cities. He went to the country people—the hardworking, quiet *jíbaros.*

The PPD symbol was a picture of a *jíbaro* wearing the traditional straw hat called a pava. Below were the words *Pan. Tierra. Libertad.* "Bread. Land. Liberty."

En 1938 Muñoz Marín decidió empezar un nuevo partido político. Todavía quería resolver los problemas económicos de Puerto Rico. Quería fortalecer su cultura. Pensaba que la controversia por la independencia era menos importante que trabajo, salud y educación. "No importa," decía "si Puerto Rico es un estado o una colonia o es independiente, porque cada hombre enfermo o con hambre es un esclavo."

Muñoz Marín nombró al nuevo partido *Partido Popular Democrático* o PPD. La mayor parte de los miembros del otro partido vivían en las ciudades. El fue con la gente del campo —los *jíbaros* que eran tranquilos y trabajadores.

El símbolo del PPD era la imagen de un *jíbaro* con el sombrero de paja tradicional llamado pava. Abajo estaban las palabras "Pan. Tierra. Libertad."

Dressed in rumpled clothes, with no coat or tie, Muñoz Marín did not make the usual speeches praising the island's beauty and pride. Instead, he talked honestly about poverty. He asked the *jíbaros* to tell him their feelings.

For years, most *jíbaros* had sold their votes for two dollars each. It was a lot of money, since a *jíbaro* made only a hundred dollars a year. Muñoz Marín had to think of a way to keep them from selling their votes again.

"Don't sell your vote!" he cried. "Lend it to me—just once. Then I will be in debt to you! Once I am in office—see if your wages go up, if there is more food on your stove. See if I keep my promises to you! If I don't— all right, in the next election you are free to sell your vote again. But this time, give the PPD a chance to help you!"

Vestido con ropa ajada, sin saco ni corbata, Muñoz Marín no hacía los discursos habituales acerca de la belleza y orgullo de la isla. En vez de ello, hablaba sinceramente de la pobreza. Les decía a los *jíbaros* que le contaran sus sentimientos.

Durante muchos años la mayoría de los *jíbaros,* vendieron sus votos a dos dólares cada uno. Era mucho dinero para ellos, porque un *jíbaro* ganaba solamente cien dólares al año. Muñoz Marín tenía que pensar la forma en que ya no vendieran sus votos.

"¡No vendan sus votos!" les decía. "¡Préstenmelo a mí una sola vez. Entonces yo les deberé a ustedes! Cuando yo esté en el poder vean si sus salarios aumentan, si hay más comida en el fogón. ¡Vean si les cumplo mis promesas! Y si no—muy bien la próxima elección estarán libres para vender sus votos otra vez. ¡Pero en ésta dénle al PPD una oportunidad para ayudarlos!"

Muñoz Marín traveled over the island for two years. Plantation owners locked their gates to keep the workers from hearing Muñoz Marín, but people cut through the fences and walked for hours to listen to him speak.

In 1940, the PPD narrowly won the election. Muñoz Marín was finally able to put his ideas into action.

Muñoz Marín and the PPD won every election in Puerto Rico for the next twenty-eight years. With money and help from the United States, Muñoz Marín created a strong economic reform program. He called it "Operation Bootstrap."

The government bought many sugar plantations and gave much of the land to *jíbaro* families who had once owned it.

Roads were built across the island. Electricity and running water were made available in many remote villages. New medical centers brought health care to the islanders.

Muñoz Marín viajó por toda la isla durante dos años. Los dueños de los cañaverales cerraban sus portones para que los trabajadores no pudieran oir a Muñoz Marín, pero la gente cortaba las cercas y caminaban horas para escucharlo.

En 1940 el PPD ganó la elección con una pequeña ventaja. Muñoz Marín al fin pudo poner en práctica sus ideales.

Muñoz Marín y el PPD ganaron cada una de las elecciones en Puerto Rico durante los siguientes veintiocho años. Con dinero y ayuda de los Estados Unidos, Muñoz Marín creó un fuerte programa de reforma económica. El la llamó "Operación Inicial."

El gobierno compró muchos cañaverales y devolvió a familias *jíbaras* mucha de la tierra que había sido de ellos en otro tiempo.

Construyeron caminos por toda la isla. Se introdujo electricidad y agua a muchos pueblos remotos. Nuevos centros médicos proporcionaron servicios de salud a los isleños.

The new kinds of jobs changed the way that Puerto Ricans lived. More people lived in cities. More people could read. People could listen to the radio and watch television.

Although there were benefits in this new way of life, there were also dangers. Muñoz Marín feared that the original Hispanic culture of Puerto Rico might be lost.

Muñoz Marín started Operation Serenity to preserve Puerto Rican culture. Schoolchildren were taught in Spanish. Museums were filled with Puerto Rican art. The traditional needlework, carving, weaving, music, and dances were encouraged.

It was a rich time of growth and learning in Puerto Rico.

Los nuevos empleos cambiaron el modo de vivir de los puertorriqueños. Había más gente en las ciudades. Más gente sabía leer. La gente podía escuchar la radio y ver televisión.

Aunque había beneficios con esta nueva forma de vida, también había peligros. Muñoz Marín temía que se perdiera la cultura original hispana de Puerto Rico.

Muñoz Marín empezó la Operación Serenidad para preservar la cultura de Puerto Rico. En las escuelas se les enseñó a los niños español. Los museos se llenaron de arte puertorriqueño. Se fomentaron los trabajos tradicionales de bordado, escultura, tejidos, música y bailes.

Fue una época rica de crecimiento y aprendizaje en Puerto Rico.

In 1947, President Truman announced that Puerto Rico could elect its own governor, and Muñoz Marín was elected to the office. The biggest issue facing Muñoz Marín now became the question of Puerto Rico's relationship to the United States.

There were three choices: independence, statehood, or something in-between. Most Puerto Ricans did not want independence because they still felt that they needed help from the United States. If they became a state, they would have to pay federal taxes, and their Hispanic culture might be threatened. Therefore, most people wanted the in-between solution—becoming a commonwealth.

Carefully, Muñoz Marín and the United States Congress drew up a new agreement. Some radicals, who supported independence, wanted to stop them. They attacked the governor's home with machine guns, but he was not hurt.

En 1947 el Presidente Truman anunció que Puerto Rico podía elegir su propio gobernador y Muñoz Marín fue electo para ese puesto. El problema más grande para Muñoz Marín, eran las relaciones de Puerto Rico con los Estados Unidos.

Había tres opciones: independencia, reconocimiento como estado o algo entre las dos opciones. La mayoría de los puertorriqueños no quería la independencia porque sentían que todavía necesitaban la ayuda de los Estados Unidos. Si se hacían un estado dependiente tendrían que pagar impuestos federales y podría dañarse su cultura hispana. Por lo tanto la mayoría de la gente quería una solución compartida convirtiéndose en estado libre asociado.

Con mucho cuidado Muñoz Marín y el Congreso de los Estados Unidos escribieron un nuevo acuerdo. Algunos radicales que apoyaban la independencia querían detenerlos. Atacaron la casa del gobernador con ametralladoras pero no lo hirieron.

In 1952, the Puerto Rican people voted to accept the commonwealth form of government.

The economic, political, and social reforms of the PPD quickly changed Puerto Rico from an island of poverty to a symbol of progress. Leaders of poor countries from all over the world came to learn from Puerto Rico's example.

In 1963, President John F. Kennedy gave Muñoz Marín the Presidential Medal of Freedom.

In 1964, Muñoz Marín decided not to run for re-election. He wanted the Puerto Rican people to learn that they could continue without him. He told the PPD, "It is you who have made the miracles on this island! It is your strength that will keep the people of Puerto Rico going onward—up the hill! You don't need me!"

En 1952, el pueblo de Puerto Rico votó para aceptar el gobierno de estado libre asociado.

Las reformas económicas, políticas y sociales del PPD pronto cambiaron a Puerto Rico de ser una isla pobre a un símbolo de progreso. Líderes de países pobres de todo el mundo vinieron a estudiar el ejemplo de Puerto Rico.

En 1963 el Presidente John F. Kennedy le dió a Muñoz Marín la Medalla Presidencial de la Libertad.

En 1964, Muñoz Marín decidió no aspirar a la reelección. El quería que la gente de Puerto Rico supiera que podía continuar sin él. Le dijo al PPD "¡Son ustedes los que han hecho los milagros en esta isla. Es su fuerza la que hará a la gente de Puerto Rico ir jalda arriba! ¡Ustedes no me necesitan!"

Luis Muñoz Marín died of a heart attack in 1980. The 1960s were the high point of Puerto Rican prosperity. Then progress slowed down. The population grew so quickly that it was hard to make jobs for the new workers. The United States spent less money to help. The political parties in Puerto Rico split over the issue of independence, commonwealth, or statehood. Today, the island still faces poverty and an uncertain political future.

But Luis Muñoz Marín gave Puerto Rico a taste of what it could accomplish. He brought the poorest people into the political process. He made practical changes that improved the health and lives of all the Puerto Ricans. And he unified the island. Above all, Luis Muñoz Marín showed the Puerto Rican people the great power of democracy.

Luis Muñoz Marín murió de un ataque al corazón en 1980.

Los años sesenta fueron de gran prosperidad para Puerto Rico. Después el progreso declinó. La población creció tan rápidamente que era difícil encontrar empleo para los nuevos trabajadores. Los Estados Unidos gastaban menos en ayuda. Los partidos políticos en Puerto Rico dividieron sus ideologías acerca de la independencia, el estado libre asociado o el estado. Hoy la isla todavía se enfrenta a la pobreza y a un futuro político indeciso.

Pero Luis Muñoz Marín le dió a Puerto Rico un ejemplo de lo que podía llevarse a cabo. Llevó a la gente más pobre al proceso político. Hizo cambios prácticos que mejoraron la salud y vida de todos los puertorriqueños. Y unificó la isla. Sobre todo, Luis Muñoz Marín le enseñó a la gente de Puerto Rico el gran poder de la democracia.

GLOSSARY

colony A group of people who belong to one country, or state, but are living in another territory.

jíbaros Puerto Rican peasants, usually laborers or farm workers.

pava The traditional Puerto Rican straw hat.

plantation A very large farm, usually limited to one crop, such as sugar.

radical One who supports extreme means to change existing conditions.

reform To put an end to something bad by introducing new courses of action.

GLOSARIO

cañaveral Plantacíon de cañas.

colonia País donde se establece un grupo de gente de otro país para poblarlo.

jíbaro Indio americano de origen caribe.

pava Sombrero de paja tradicional de Puerto Rico.

radical Partidario de reformas democráticas avanzadas.

reforma Cambio en vista de una mejora.

✓

DEMCO